*Deambular por las aceras,
tropezar con las ideas,
llevó mi hogar a cualquier sitio
y me hizo ser de donde piso.*
Antonio Vega

Para Gabriel, Diego y Pablo,
que crean un hogar allá donde van.
ALBA

A Marco.
LORENZO

Texto © Alba Carballal, 2021
Autora representada por la agencia literaria DosPassos
Ilustraciones © Lorenzo Sangiò, 2021

Dirección editorial: Patricia Martín
Edición: Paula Esparraguera
Dirección de arte: Heura Martos

Queremos agradecer a Lorenzo Sangiò
la cesión de la tipografía Sangiofont.

© Editorial Flamboyant S. L., 2021
Bailén, 180, planta baja, local 2, 08037 Barcelona
www.editorialflamboyant.com

Todos los derechos reservados

Corrección de textos: Raúl Alonso Alemany

Primera edición: septiembre de 2021
ISBN: 978-84-18304-07-1
DL: B 12362-2021
Impreso en Printer Portuguesa, Portugal

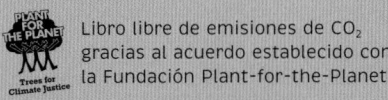 Libro libre de emisiones de CO₂
gracias al acuerdo establecido con
la Fundación Plant-for-the-Planet.

Es cierto que las personas no tenemos grandes dientes, ni garras afiladas, ni corremos más deprisa que otros animales, pero nosotros también tenemos un superpoder:

Somos extremadamente
ADAPTABLES.
Pues menudo aburrimiento, me dirás.
Y algo de razón tienes.

Pero vamos a verlo desde otro punto de vista: mientras que muchos animales necesitan un hábitat muy concreto para sobrevivir,

los humanos podemos crear un hogar en cualquier sitio...

... y a veces lo hacemos a costa del hogar de OTROS.

Somos capaces de adaptar nuestra forma de vida
a casi cualquier lugar, clima o ambiente gracias a dos
recursos poco habituales en la naturaleza. Sin estas dos
herramientas, nuestra especie lo habría tenido muy difícil
para sobrevivir, y además no habríamos inventado
la música, el queso o los aviones.

Pero la técnica es solo la punta del iceberg de algo mucho más profundo:

LA CULTURA.

La cultura comprende los conocimientos, el arte, las tradiciones, los mitos y las creencias de una sociedad, es decir, de un grupo humano.

Los españoles ponen persianas en todas las estancias del hogar. En un principio, eran un método sencillo para proteger las viviendas del sol, pero se han convertido en algo cultural: **¡sin persianas se sienten DESNUDOS!**

También es cultural la costumbre, presente en muchos países de Asia y del norte de Europa, de quitarse los zapatos antes de entrar en casa.

«NUESTRA FORMA PRINCIPAL DE ADAPTACIÓN BIOLÓGICA ES LA CULTURA, NO LA ANATOMÍA».

ES MUY ÚTIL SABER ESTO. SOBRE TODO SI TIENES LA CABEZA ENTRE LOS DIENTES DE UN COCODRILO.

Sabía mucho sobre vacas, cerdos, guerras y brujas.
MARVIN HARRIS
Antropólogo

Esto sucede porque las personas no somos adaptables de manera individual, sino como **SOCIEDAD**.

El *Homo sapiens* es una especie gregaria, es decir, un animal que necesita relacionarse con los demás, comunicarse y compartir. Y esto es así porque tenemos el cerebro **GRANDE**.

En general, los animales más sociales son aquellos que tienen el cerebro más grande.

Con las casas, aunque no te lo creas, sucede algo parecido.

Las casas grandes, como las **masías catalanas**, permiten una vida social más amplia y duradera en su interior, y bajo su techo llegan a convivir varias generaciones de una misma familia.

Sin embargo, las casas más pequeñas, como los **apartamentos colmena** japoneses, a duras penas pueden albergar a una persona, y por eso no deberían ser viviendas para toda la vida, sino alojamientos temporales baratos.

Defiende el derecho a una vivienda digna por todo el mundo.
LEILANI FAHRA
Abogada y activista

«EL ORO NO ES UN DERECHO HUMANO, LA VIVIENDA SÍ».

DEBERÍA.

¿Y LA SIESTA?

En cualquier caso, y vivas donde vivas,
¡TU PRIMER HOGAR ES TU CEREBRO!
(Y de ahí es imposible mudarse).

Y si las casas son el cerebro de los asentamientos humanos, el resto de los órganos vitales están fuera de ellas. Los **espacios públicos** son tan importantes como las viviendas, porque permiten que las aldeas, los pueblos y las ciudades funcionen.

Las calles son
LOS PULMONES
de las ciudades...

... Las plazas son
EL CORAZÓN
de los pueblos...

En ellos, los cambios son tan rápidos que a veces nos da la sensación de que aparecen edificios y negocios nuevos de un día para otro. Estoy hablando de
LAS CIUDADES.

En las ciudades vive mucha gente. Muchísima.
Mucha más de la que te imaginas. De hecho, en el año 2050, casi el 70 % de todas las personas del mundo vivirá en ciudades: ¡siete de cada diez!

Por eso las **periferias**, las zonas situadas alrededor del centro de las ciudades, cada vez se hacen más grandes. De hecho, ¡algunas ciudades han crecido tanto que se han terminado fusionando con la ciudad vecina! Estas zonas urbanas interminables, como Tokio, Yakarta o Delhi, se llaman **MEGACIUDADES**. (Te puedes imaginar por qué).

Los cambios urbanos pueden suceder por muchos motivos, ya que las ciudades son muy complejas y en ellas pasan **muchas cosas, todo el rato y todas a la vez.** Aparentan ser caóticas, pero en realidad tienen su propio orden. Pasa lo mismo en tu cuarto: aunque parezca una leonera, tú sabes exactamente dónde está cada cosa.

«SOMOS LO QUE HACEMOS PARA CAMBIAR LO QUE SOMOS».

Y A VECES NOS PASA LO MISMO QUE A LAS CASAS: NECESITAMOS UNA REFORMA INTEGRAL.

Piensa, por ejemplo, en un edificio alto, como este de aquí.

Antes, la gente prefería vivir en la parte de abajo, porque habitar una planta alta suponía tener que subir y bajar un montón de escaleras todos los días. Por eso, en la parte alta vivían las personas que no podían pagar una vivienda a pie de calle.

¡Cuanto más arriba, más barato! Esto cambió con un invento técnico que se empezó a popularizar a mediados del siglo XIX. ¿Ya lo has adivinado?

EDUARDO GALEANO
Escritor y periodista

Las ciudades de América Latina no tenían secretos para él.

Estoy hablando del **ASCENSOR**.

Hoy en día ocurre lo contrario: las plantas altas nos gustan más porque tienen más luz y mejores vistas.
Y, sobre todo, ¡porque para disfrutarlas no es necesario quedarse sin aliento!

Ya has averiguado por qué las personas necesitamos un lugar donde vivir y qué herramientas tenemos para conseguirlo. También sabes que las viviendas pueden estar en sitios muy diferentes, y hasta has visto algunas casas alucinantes e insólitas.

Pero esto no es todo. Todavía quedan por resolver algunas preguntas cruciales:

¿PARA QUÉ SIRVE UNA CASA?

«PARA CREAR, PRIMERO HAY QUE CUESTIONARLO TODO».

ASÍ QUE YA SABES: SI QUIERES ENTENDER EL MUNDO, SOLO NECESITAS PAPEL, LÁPICES Y MUCHAS PREGUNTAS.

Buscó inspiración viajando por África, América y Europa.
EILEEN GRAY
Diseñadora industrial y arquitecta

¿QUÉ FORMA TIENEN LAS CASAS?

¿TODAS LAS CASAS TIENEN ALGO EN COMÚN?

Y la más importante de todas...

¿QUÉ NARICES ES UNA CASA?

Una casa es un espacio que interactúa con

EL CLIMA.

Estarás de acuerdo conmigo en que no es lo mismo habitar un lugar en el que abundan las lluvias torrenciales que uno en el que, por ejemplo, las temperaturas son muy extremas. Por eso, en función del lugar en el que están construidas, las casas tienen una forma diferente, una orientación distinta con respecto al sol, unos materiales u otros... ¡Para adaptarse a la meteorología, algunas viviendas hasta se mueven!

Su Villa Mairea es una de las casas más famosas del mundo.
ALVAR AALTO
Arquitecto

«LA ARQUITECTURA ADECUADA NO SOLO BUSCA LA SOSTENIBILIDAD EN LO ECOLÓGICO, SINO TAMBIÉN EN LO ECONÓMICO Y EN LO CULTURAL».

LAS CASAS SON COMO LA ROPA: SI ESTÁN BIEN DISEÑADAS Y SUS COSTURAS SON FUERTES, RESISTEN CUALQUIER CHAPARRÓN.

Las casas tradicionales en climas húmedos, como el del norte de España o el de la campiña inglesa, se cubren con tejados inclinados, normalmente de forma triangular. Estos **tejados a dos aguas** sirven para que el agua de lluvia no se estanque en la cubierta, y se impermeabilizan con tejas para evitar que se formen goteras o humedades en el interior.

En otros ambientes más cálidos,
las casas pueden llegar a ser muy diferentes.
En Paterna, una localidad de Valencia,
existe un conjunto de viviendas **completamente enterradas**.
Estas casas-cueva conservan fenomenalmente la temperatura,
e impiden que el calor o el frío extremos del exterior lleguen dentro:
¡la tierra es un aire acondicionado natural!

Una casa es un lugar donde sentirnos
SEGUROS.
Un hogar es, sobre todo, un refugio frente a los peligros del mundo.

Aunque el miedo es una emoción desagradable, los seres humanos, como otros animales, hemos sobrevivido como especie porque somos capaces de experimentarlo: el miedo nos empuja a protegernos de nuestro entorno y también de los demás. Por eso, cualquier vivienda, desde una cueva hasta un palacio, debe conseguir que sintamos seguridad.

¡Agárrate, que vienen curvas!
ZAHA HADID
Arquitecta y diseñadora

«LA ARQUITECTURA EN REALIDAD SE OCUPA DEL BIENESTAR. CREO QUE LA GENTE QUIERE SENTIRSE BIEN EN UN ESPACIO: POR UN LADO, TIENE QUE VER CON EL REFUGIO, PERO TAMBIÉN CON EL PLACER».

¡Y NO EXISTE PLACER MÁS GRANDE QUE NO SER DEVORADO POR UN TIGRE, ATRAVESADO POR UNA FLECHA O CAPTURADO POR EL ENEMIGO!

Las **grandes ciudades** y las **urbanizaciones de lujo** se están llenando de cámaras de seguridad por el mismo motivo por el que los castillos medievales tenían foso y almenas: para controlar el acceso de extraños, y también para vigilar a todos aquellos que ya están dentro.

Está bien buscar la protección dentro de nuestro hogar, pero hay algo **más peligroso** que los ladrones, las enfermedades o los depredadores: que el miedo tome las riendas de nuestra vida y perdamos **LIBERTAD, EXPERIENCIAS VIVIDAS Y CONFIANZA EN LOS DEMÁS.**

Una casa es un sitio donde importa

EL BIENESTAR.

Protegernos del clima y estar seguros son las primeras piedras de cualquier hogar, pero no son las únicas. También es imprescindible estar **CÓMODOS**: tener espacio suficiente, contar con un sillón confortable donde sentarnos a leer, poder utilizar la casa para descansar, cocinar, asearnos... Para sentirnos bien dentro de casa, las personas solemos hacer cambios en nuestras viviendas.

A veces, pintar una pared de un color más alegre o recolocar el escritorio para que reciba más luz es suficiente para que una estancia sea más cómoda.

Otras, necesitamos hacer una gran reforma que lo ponga todo patas arriba.

Abrió el camino para las mujeres interioristas que vinieron detrás.
ELSIE DE WOLFE
Interiorista, escritora y actriz

«NO EXISTE UNA CASA TAN MALA QUE NO PUEDA CONVERTIRSE EN ALGO QUE MEREZCA LA PENA».

¿SEGURO?

SEGURO: NO HAY NADA QUE NO SE ARREGLE CON MUCHO AMOR, UNA PIZCA DE BUEN GUSTO Y UN PAR DE BOLSAS DE BASURA.

La última idea que hemos tenido para aumentar nuestro bienestar doméstico es la de crear **casas inteligentes**. Gracias a una tecnología llamada

DOMÓTICA,

hoy en día hay un montón de cosas que podemos controlar a través de Internet: las luces del salón, el robot aspirador, la temperatura de la calefacción... **¡Hasta la energía que consumimos!**

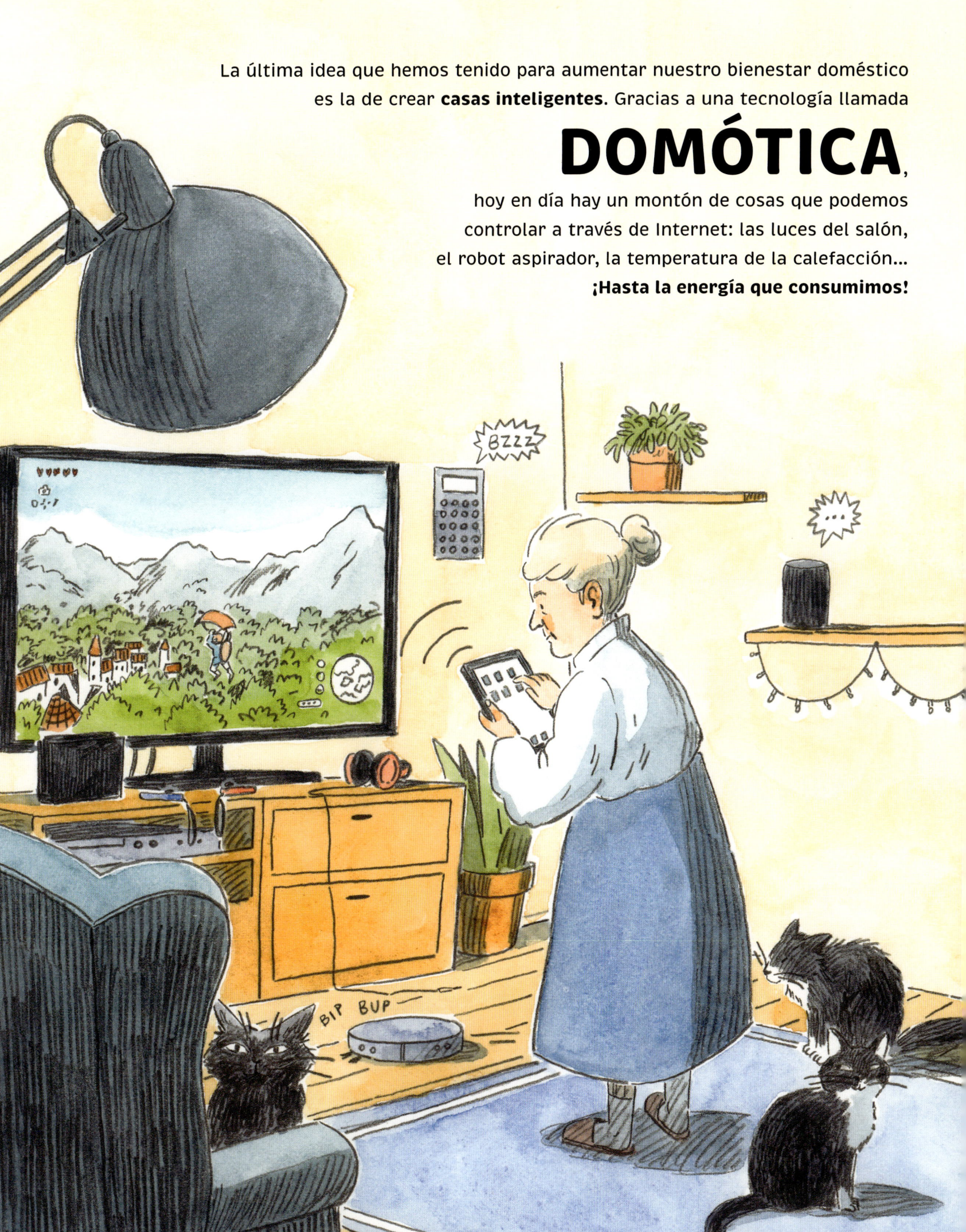

En una casa, sus habitantes también valoran

LA INTIMIDAD.

A todos nos gusta disfrutar de la compañía de nuestra familia y nuestros amigos, pero a veces necesitamos aislarnos. Por muy bien que nos llevemos con quienes viven con nosotros, en ocasiones viene bien tener una puerta que cerrar: por ejemplo, para estudiar un examen muy importante, para contarle un secreto a alguien, para hacer pis, para ensayar con el piano o para llorar a moco tendido si algo nos entristece. Sin embargo, el grado de intimidad ideal en una vivienda depende totalmente de las personas que la habitan: no necesitará la misma privacidad un estudiante que comparta vivienda con cinco desconocidos que una chica que conviva con su novia; ni será idéntica la casa de un matrimonio con trece hijos a la de alguien que viva solo; ni valorará la intimidad de la misma manera quien trabaje siempre desde casa a quien lo haga en una oficina, en la calle o en el campo.

Las casas tradicionales de la ciudad de Nueva York tienen un montón de estancias diferenciadas y están pensadas para alojar a familias grandes.

Defendió la igualdad de hombres y mujeres en la literatura.
VIRGINIA WOOLF
Escritora

«PARA ESCRIBIR FICCIÓN, UNA MUJER NECESITA DINERO Y UNA HABITACIÓN PROPIA».

ASÍ QUE YA SABES: NO HAGAS RUIDO Y CIERRA LA PUERTA AL SALIR.

*Sin embargo, en la década de 1950 se popularizaron entre artistas y estudiantes los **lofts**, apartamentos muy amplios, con ventanas enormes y mucha luz, techos altísimos y sin apenas divisiones ni paredes. En su día, la creación de los lofts empezó como una triquiñuela para convertir en viviendas baratas los antiguos edificios industriales de la Gran Manzana, pero ahora son casas de lujo, ideales para muchas personas que no necesitan un montón de habitaciones separadas y que prefieren vivir en un único espacio más luminoso y fluido.*

Existen casas especiales para aquellas personas que le dan mucha importancia a

LA MOVILIDAD.

Hace más de diez mil años, los seres humanos empezamos a dejar de ser **NÓMADAS**, es decir, de ir de un sitio a otro en busca de comida y cobijo, y poco a poco nos volvimos una especie **SEDENTARIA**: las comunidades y los pueblos comenzaron a quedarse a vivir en un mismo lugar y a fundar hogares permanentes.

Sin embargo, todavía quedan algunas sociedades, familias e individuos que, bien por tradición, bien por necesidad o bien por elección propia, tienen un estilo de vida nómada y se mueven por todas partes con su casa a cuestas... ¡como si fueran un caracol!

En el mundo todavía quedan algunos pueblos nómadas, como los **nunaks** en Colombia, los **inuits** en Groenlandia, Alaska y Siberia o los **tuaregs** en el norte y el centro de África.

Estas comunidades no tienen una casa fija, y van viajando en función de los movimientos migratorios de los animales, del paso de las estaciones o del crecimiento de los pastos.

«SOMOS UNA ESPECIE EN VIAJE, NO TENEMOS PERTENENCIAS, SINO EQUIPAJE. VAMOS CON EL POLEN EN EL VIENTO, ESTAMOS VIVOS PORQUE ESTAMOS EN MOVIMIENTO».

¡Y EN POCOS SITIOS SE DUERME TAN BIEN COMO EN LA FURGONETA DE LAS GIRAS!

Es de tantos sitios que su casa está en la frontera.
JORGE DREXLER
Músico y compositor

Pero el nomadismo no es solo para los pueblos indígenas. Cada vez son más las personas de todo el globo que, hartas de una casa aburrida y de un trabajo rutinario, deciden liarse la manta a la cabeza, dejarlo todo atrás y emprender una vida viajera a bordo de una **autocaravana.**

¿Te imaginas despertarte cada día en un lugar diferente?

Las casas varían muchísimo en función de

LA ECONOMÍA.

Aunque existan casas comodísimas, preciosas y situadas en lugares excepcionales, no todo el mundo puede permitirse vivir donde le gustaría o en el tipo de vivienda que querría. De hecho, hay muchísimas personas que no disponen de una casa adecuada a sus necesidades o a las de su familia: por todo el planeta hay gente que vive apelotonada en casas demasiado pequeñas, hacinada en barrios informales autoconstruidos, sin acceso a servicios básicos como el agua corriente o la electricidad o, directamente, en viviendas ruinosas que no resguardan del frío ni de la lluvia y que no proporcionan seguridad ni bienestar a las personas que habitan en ellas.

Tras 27 años encarcelado, fue el primer presidente negro de Sudáfrica.
NELSON MANDELA
Activista contra el *apartheid* y abogado

«ERRADICAR LA POBREZA NO ES UN ACTO DE CARIDAD, ES UN ACTO DE JUSTICIA».

PASA LO MISMO CON EL RACISMO, CON LA DESIGUALDAD O CON LA PIZZA CON PIÑA.

*En una misma ciudad pueden convivir dos realidades muy diferentes. Por ejemplo, en Río de Janeiro, una de las urbes más grandes e importantes de toda América Latina, se encuentra el **barrio de Ipanema**, lleno de restaurantes, tiendas y modernos rascacielos que albergan viviendas y hoteles de lujo.*

*No muy lejos de allí, a tan solo una hora a pie, está la **favela de Rocinha**, uno de los asentamientos informales más grandes y peligrosos del mundo. Las favelas son barrios de chabolas, construidas por los propios vecinos, en las que se alojan decenas de miles de personas que viven en la pobreza y que no pueden comprar ni alquilar una casa digna.*

Ahora ya sabes que las casas sirven para muchas cosas distintas y que, como los seres humanos, se adaptan al lugar en el que están y a las personas que viven en ellas. También has visto que no todo el mundo necesita el mismo tipo de vivienda, y que no todos tenemos las mismas oportunidades: a veces, nacer en un sitio o en otro hace que tengas una casa mejor o una peor.

Pero todavía hay más.

Aún quedan algunas cosas que no te he contado:

¿SE PUEDE DORMIR BIEN SIN UNA CAMA?

¿ES IGUAL DE IMPORTANTE EN TODAS PARTES LA TELEVISIÓN?

Piensa que los edificios son un reflejo de su tiempo.
REM KOOLHAAS
Arquitecto

«UN EDIFICIO TIENE DOS VIDAS. LA VIDA QUE IMAGINA SU CREADOR PARA ÉL Y LA VIDA QUE DE VERDAD TIENE. Y NO SIEMPRE SON IGUALES».

¿COMO LOS ESPÍAS?

HMMMM... ¡BIEN VISTO!

¿TODOS LOS BAÑOS SON DEL MISMO COLOR?

En definitiva...,

¿CÓMO SE USA UNA CASA?

En todas las casas hay una zona que se usa para

DORMIR.

Un dormitorio puede servir solo para descansar, pero en la mayoría de los casos tiene también otras funciones: almacenar nuestros objetos personales, estudiar, vestirnos... Por lo general, la habitación es una de las estancias más privadas de un hogar.

Seguramente te estés imaginando un lugar concreto. Y en ese lugar, esté pensado para una persona o para varias, sea más grande o más pequeño, seguramente haya una **CAMA**.

¿Me equivoco?

Publicó su primera novela bajo seudónimo.
FRANÇOISE SAGAN
Escritora y directora de cine

«LA FELICIDAD PARA MÍ CONSISTE EN GOZAR DE BUENA SALUD, EN DORMIR SIN MIEDO Y DESPERTARME SIN ANGUSTIA».

AUNQUE EL CHOCOLATE TAMBIÉN AYUDA.

Pues deja que te cuente algo: no todo el mundo duerme en una cama.
Muchos japoneses, por ejemplo, prefieren descansar… **¡en el suelo!**

*En las casas tradicionales niponas todavía
se utilizan unas esterillas ligeramente acolchadas,
los **tatamis**, que permiten mantener una
postura más natural y prevenir
los dolores de espalda.*

¿SERÍAS CAPAZ DE ACOSTUMBRARTE?

Los europeos están acostumbrados a los aseos completamente blancos y asépticos. Esto sucede porque, en Occidente, la relajación se asocia a los espacios luminosos.

*En la cultura japonesa, sin embargo, ocurre justo lo contrario: **los baños tradicionales japoneses** tienden a ser **negros o de colores muy oscuros**, y en ellos encontramos materiales sencillos como la **madera** o la **piedra**. Esta diferencia se debe a que, en Oriente, la tranquilidad y el confort no se relacionan con la luz, sino con el silencio, la penumbra y la naturaleza.*

Las zonas más públicas de una casa, como el salón o la cocina, nos permiten, entre otras cosas,

REUNIRNOS.

La estancia compartida por definición es, sin duda, la sala. El salón o *living* suele situarse en la mejor parte de la casa, y es uno de los centros neurálgicos del hogar, el lugar donde todos los miembros de la familia se encuentran. Hoy en día estamos muy acostumbrados a que el foco de atención de nuestros salones lo ocupe un elemento rectangular que emite colores brillantes y que nos puede mantener entretenidos durante horas y horas: una **TELEVISIÓN**.

Pero esto no siempre ha sido así. Hasta hace bien poco, una televisión era un artículo de lujo que muy pocas personas se podían costear. No hace tanto, las teles se veían en blanco y negro. De hecho, hace unos cuantos siglos, cuando todavía no se había inventado ni la radio, en el centro de las viviendas ni siquiera había una sala de estar.

Ha fundado un hogar para artistas y escritores.
ANTONIO GALA
Escritor

«UN HOGAR ES EL LUGAR DONDE UNO ES ESPERADO».

IGUAL QUE LA SALA DE ESPERA DEL DENTISTA.

En las mejores casas de la Antigua Roma, el centro lo ocupaba un **impluvium**: un estanque que servía para recoger agua de lluvia y para iluminar el resto de estancias de la domus, la casa patio romana.

PERO VAYAMOS TODAVÍA UN PASITO MÁS ATRÁS.

Si ya en el Imperio romano era importante el agua, imagínate lo imprescindible que podía llegar a ser el

FUEGO.

Desde que los seres humanos primitivos aprendieron a dominar las llamas, el fuego ocupó un lugar privilegiado en sus cuevas. El fuego sirve para ver mejor, para calentarse en las noches de invierno y para **COCINAR**.

Las cocinas modernas, la electricidad y la calefacción sustituyen al fuego, pero no eliminan un anhelo milenario común a todos los seres humanos: el deseo de sentarse alrededor de una fuente de calor, comer algo rico y escuchar una buena historia.

En sus libros, las recetas explican el mundo.
LAURA ESQUIVEL
Escritora

«CREO QUE, ACTUALMENTE, LA COCINA ES EL ÚLTIMO REDUCTO QUE EL MUNDO CIVILIZADO NOS HA DEJADO PARA EJERCER LA GENEROSIDAD».

POR ESO LAS RACIONES DE COMIDA SIEMPRE DEBERÍAN SER ENORMES.

ALBA CARBALLAL

Tengo el superpoder de sentirme en casa allá donde el mundo guarde un hueco para mí. Mi casa son mis abuelos, un puñado de amigos, Octavio y mis libros; pero también un concierto abarrotado, el asiento de un tren o la barra de cualquier bar en el que el café no sepa a rayos. Mi primer hogar fue Lugo, ciudad en la que está la única muralla romana completa del mundo: quizá por eso el amor de mis padres y hermanos es un baluarte contra la tristeza. También habité la inmensa alegría del Colegio Mayor Chaminade de Madrid, tres o cuatro pisos siempre llenos de gente, los dieciséis metros cuadrados más grandes de París o un convento cordobés del siglo XVII, reconvertido en residencia artística, que me regaló un nuevo comienzo. Ahora, mi culo inquieto ha decidido detenerse un rato en un apartamento frente al río Manzanares, al que cada tarde viene el sol a echarse la siesta. Todos estos lugares, y también los que están por venir, son mi hogar en cualquier sitio.

LORENZO SANGIÒ

Mi casa está en un pequeño pueblo del norte de Italia, lo bastante cerca de Milán para sentirme inmerso en la sociedad, pero, al mismo tiempo, lo bastante lejos de Milán para disfrutar de la belleza del campo.

Durante los años de estudio en la Accademia (de Bellas Artes), mi casa fue un estudio en Brescia, «The House», se llamaba; era un proyecto artístico que fundamos tres compañeros de clase. Nos pasábamos el día ahí, siempre rodeados de gente, y por la noche dormíamos en colchones que colocábamos encima de armarios puestos en horizontal en el suelo.

Más adelante, la ciudad de Macerata, en el centro de Italia, se convirtió en mi casa. Me acompañó en el mundo de la ilustración mientras cursaba el máster Ars in Fabula. Y, desde hace unos años, mi casa vuelve a ser mi pueblo, inmerso en la niebla, con mi familia, mis perros y mis gatos, mi escritorio y mi campo.